THE MITTEN

Retold by
Florence Desnouveaux

Translated by
Claire Brown

Illustrated by
Cécile Hudrisier

This is the story of a red mitten
blown by the wind onto a snowy path.

scrrunch   scrrunch   scrrunch

Along comes Mouse.

She sees the mitten:
– It's my lucky day! A woollen house!
Anybody there?
There's no reply.
– If it's free, it's for me!

Mouse wriggles in and hides inside the mitten.
– *Mmmm! Soft and cosy!*

Mouse is delighted.

scrrrunch   scrrrunch   scrrrunch

But what's that noise?

Mouse hears footsteps...
... and a voice:
– It's my lucky day! A woollen house! Anybody there?

– Yes! Me, Mouse! replies Mouse from inside the mitten. And you, who are you?

– I'm Hare. I'm cold. Can I come in?
– Yes! Yes! replies Mouse.

Hare wriggles in and hides inside the mitten, snuggling up to Mouse.
– Ahhh! Nice and cosy! they sigh together.

Now, they are two in the mitten: Hare and Mouse.

scrrrunch   scrrrunch   scrrrunch

Again!

Hare and Mouse hear footsteps...
... and another voice:
— It's my lucky day!
A woollen house!
Anybody there?

— Yes! Yes!
It's us, Hare and Mouse!
And you, who are you?

— I'm Fox.
Can I come in?
I'm so cold!

— Come on in!
replies Mouse.

Fox wriggles in and hides inside the mitten, snuggling up to Hare and Mouse.
– Ahhh! Warm and cosy!
they sigh together.

Now, they are three in the mitten: Fox, Hare and Mouse.

scrrrunch   scrrrunch   scrrrunch

This time Fox, Hare and Mouse
hear big footsteps...
... and a big voice:
– It's my lucky day! A woollen house!
Anybody there?

– Yes! Yes! It's us, Fox, Hare and Mouse!
And you, who are you?

– I'm Boar. I'm frozen. Can I come in?

– Well... all right...
there's a tiny bit of room left, replies Mouse.

Boar wriggles in and hides inside the mitten,
snuggling up to Fox, Hare and Mouse.

– Oh dear! Not so clever! they sigh together.

Now, they are four in the mitten: Boar, Fox, Hare and Mouse.

scrrunch
scrrunch
scrrunch

Boar, Fox, Hare and Mouse hear enormous footsteps...

… and an enormous voice:
– Well well! A house that moves! Anybody there?

– Yes! Yes! It's us, Boar, Fox, Hare and Mouse! And you, who are you?

– I'm Tubby Bear. Can I come in?

– There's no more room! replies Mouse.

– Oh? Can I see?

Tubby Bear puts his head inside the mitten: crr

Tubby Bear puts his paw
Tubby Bear puts another paw

14

inside the mitten: crrr
inside the mitten: crrrr

Tubby Bear squeezes his big, round tummy
inside the mitten: crrrrr
Tubby Bear squeezes his whole body
inside the mitten: crrrrrr

But just as he tucks in the tip of his tail...

CrrRrrRr

The mitten cracks!

Boar, Fox, Hare and Mouse tumble out into the snow.

RRRRAACK!

They stand up,
shake themselves off, look at each other...
And swish! off they dash,
as quick as a flash.

As for Tubby Bear, dazed, he just sits there, on the bits of the mitten:
– But, but... What happened?

That is how it goes my friends
That is how the story ends!

*The cumulative tale, in which larger and larger animals squeeze inside the same shelter
(a horse skull, a jug, a mitten, etc.) which finally breaks, is a Russian folktale.
Numerous versions exist, including a fingerplay.*

LA MOUFLE

**Version française publiée par Didier Jeunesse
dans la collection « À petits petons » sous la direction littéraire de Céline Murcier**

Page 2 : C'est l'histoire d'une moufle rouge déposée par le vent sur la neige du chemin.
Page 4 : Ch'krii ch'krii ch'krii. Souris vient à passer par là. Elle voit la moufle :
– Quelle aubaine ! Une maison de laine ! Y'a quelqu'un ?
Personne ne répond.
– Si y'a personne, c'est pour ma pomme !
Page 5 : Souris se faufile et se camoufle dans la moufle.
– Mmmm ! Quelle douceur !
Souris est ravie.
Page 6 : Ch'krii ch'krii ch'krii. Mais qu'est-ce que c'est ? Souris entend des bruits de pas… et une voix :
– Quelle aubaine ! Une maison de laine ! Y'a quelqu'un ?
– Oui ! Y'a moi, Souris ! répond Souris du fond de la moufle. Et toi, qui es-tu ?
Page 7 : – Je suis Lièvre. J'ai froid. Je peux entrer ?
– Oui ! Oui ! répond Souris.
Lièvre se faufile et se camoufle dans la moufle, tout contre Souris.
– Ahhh ! Quel bonheur ! soupirent-ils en chœur.
Maintenant, ils sont deux dans la moufle : Lièvre et Souris.
Page 8 : Ch'krii ch'krii ch'krii. Encore !
Lièvre et Souris entendent des bruits de pas… et encore une voix :
– Quelle aubaine ! Une maison de laine ! Y'a quelqu'un ?
– Oui ! Oui ! Y'a nous, Lièvre et Souris ! Et toi, qui es-tu ?
– Je suis Renard. Je peux entrer ? J'ai si froid !
– Mais viens donc ! répond Souris.
Page 9 : Renard se faufile et se camoufle dans la moufle, tout contre Lièvre et Souris.
– Ahhh ! Quelle chaleur ! soupirent-ils en chœur.
Maintenant, ils sont trois dans la moufle : Renard, Lièvre et Souris.
Page 10 : Ch'krii ch'krii ch'krii. Cette fois, Renard, Lièvre et Souris entendent de gros bruits de pas… et une grosse voix :
– Quelle aubaine ! Une maison de laine ! Y'a quelqu'un ?

– Oui ! Oui ! Y'a nous, Renard, Lièvre et Souris ! Et toi, qui es-tu ?
– Je suis Sanglier. Je suis gelé. Je peux entrer ?
– Bon… d'accord… il reste un tout petit peu de place, répond Souris.
Sanglier se faufile et se camoufle dans la moufle, tout contre Renard, Lièvre et Souris.
Page 11 : – Ouh ! là là ! Quelle erreur ! soupirent-ils en chœur.
Maintenant, ils sont quatre dans la moufle : Sanglier, Renard, Lièvre et Souris.
Page 12 : Ch'krii ch'krii ch'krii. Sanglier, Renard, Lièvre et Souris entendent d'énormes bruits de pas…
Page 13 : … et une énorme voix :
– Tiens ! Une maison qui bouge ? Y'a quelqu'un ?
– Oui ! Oui ! Y'a nous, Sanglier, Renard, Lièvre et Souris ! Et toi, qui es-tu ?
– Je suis Ours Potelé. Je peux entrer ?
– Y'a plus de place ! répond Souris.
– Ah bon ? Je peux voir ?
Page 14 : Ours Potelé passe sa tête dans la moufle : crr
Ours Potelé passe une patte dans la moufle : crrr
Ours Potelé passe une deuxième patte dans la moufle : crrrr
Ours Potelé passe son ventre rebondi dans la moufle : crrrrr
Ours Potelé passe tout son corps dans la moufle : crrrrrr
Mais quand il veut faire entrer le bout de sa queue…
Page 16 : Crrrrrrrrrraac ! La moufle craque !
Sanglier, Renard, Lièvre et Souris tourneboulent dans la neige.
Page 17 : Ils se redressent, s'ébrouent, se regardent…
Et pffuuiit ! se dispersent à toute vitesse.
Page 18 : Quant à Ours Potelé, il reste assis tout hébété sur la moufle éclatée :
– Mais, mais… Qu'est-ce qui s'est passé ?
Page 20 : C'est comme ci, c'est comme ça, le conte finit là !

La randonnée (conte énumératif) où des animaux, de plus en plus gros, se serrent dans un même abri (crâne de cheval, cruche, moufle, etc.) qui finit par éclater, est un conte de tradition orale russe dont il existe de nombreuses versions (y compris sous la forme d'un jeu de doigts).

« Ils ne savaient pas que c'était impossible, alors ils l'ont fait. »
Mark Twain

À Céline M. pour son accompagnement chaleureux.
F. D.